Hildegard von Bingen

Tu deiner Seele etwas Gutes

benno

Licht der Seele

Wie die Sonne das Licht des Tages ist, so ist auch die Seele das Licht des wachsenden Körpers. Und wie der Mond das Licht der Nacht ist, so ist auch die Seele das Licht des schlafenden Körpers.

Lebenshauch

Die Seele ist es, die dem Menschen
den Lebenshauch zusendet und
somit den Menschen mit lebendigem
Antlitz, mit Gesicht, Geschmack, Gehör,
Gefühl herrlich begabt.

Mit Liebe füllen

Die Seele ist wie der Wind, der über die Kräuter weht, wie der Tau, der über die Wiesen sich legt, wie die Regenluft, die wachsen macht. Desgleichen ströme der Mensch ein Wohlwollen aus auf alle, die da Sehnsucht tragen. Ein Wind sei er, der den Elenden hilft, ein Tau, der die Verlassenen tröstet. Er sei wie die Regenluft, die die Ermatteten aufrichtet und sie mit Liebe erfüllt wie Hungernde.

Das Maß an Liebe

Die Seele liebt in allen Dingen das diskrete Maß. Deshalb soll sich der Mensch in allen Dingen selbst das rechte Maß auferlegen.

Berührung der Sinne

Wird der Mensch in seinen Sinnen berührt,
so macht ihn das wachsam in allen Dingen,
denn die Sinne wecken die Seelenkräfte,
weil der Leib das Gefäß der Seele ist.

Innerer Halt

Was der Saft im Baum ist, das ist die Seele im Körper, und ihre Kräfte entfalte sie wie der Baum seine Gestalt. Die Erkenntnis gleicht dem Grün der Zweige und Blätter, der Wille den Blüten, das Gemüt ist wie die zuerst hervorbrechende Knospe, die Vernunft wie die voll ausgereifte Frucht. Der Sinn endlich gleicht der Ausdehnung des Baumes in der Höhe und Breite. So ist die Seele unser innerer Halt.

Fenster der Seele

Die Größe der Seele kann man in den Augen des Menschen sehen, wenn seine Augen klar, hell und durchsichtig sind, weil die Seele im Körper wohnt, um recht viele gute Werke in ihm zu vollbringen. Die Augen des Menschen sind die Fenster der Seele.

Klang der Seele

Die Seele des Menschen trägt in sich
einen Wohlklang, einen Zusammenklang,
und sie ist selber tönend und klingend.

Die Möglichkeit des Guten

Liebe ist in allen Dingen, gleichsam
die Seele und das Auge. In dieser Liebe
schließt sich der Lauf der Welt.
Liebe ist volle Möglichkeit des Guten.

Der Seele Werke

Durch die Seele werden alle Werke des Menschen verwirklicht, wie durch den Saft des Baumes alle Früchte gedeihen.

Das Geheimnis der Liebe

Des Menschen Heimat ist Gott, und dem
Geheimnis von Gottes Liebe verdankt er seine
Entstehung. Der Mensch ist ein Bild Gottes
und ein Partner aller Schöpfung.
So war es Gottes Plan von Anfang an.

Gott schenke dir Gesundheit

Arbeite, solange du kannst, doch hüte dich, deinen Leib durch zu viel Arbeit allmählich umzubringen. Denke stets daran, dass es dir nicht gegeben ist, deinen Körper neu zu schaffen.

Deshalb bitte Gott beizeiten, dass er dir zu einem gesünderen Leben verhelfen möge, und warte damit nicht, bis du ihn voller Qual mit verzweifelten Bitten darum anflehen musst, deinen Zustand zu bessern.

Bibliografische Information der Deutschen Nationalbibliothek
Die Deutsche Nationalbibliothek verzeichnet diese Publikation in der Deutschen Nationalbibliografie; detaillierte bibliografische Daten sind im Internet über http://dnb.d-nb.de abrufbar.

Quellenverzeichnis
Fotos:
Cover: © Subbotina Anna/Fotolia.de, Vor- und Nachsatz: © Julian Weber/Fotolia.de, Seite 6/7: © wajan/Fotolia.de, 9: © Pavel Timofeev/Fotolia.de, 11: © macroart/Fotolia.de, 12/13: © Git/Shutterstock, 15: © Ekaterina Semenova/Fotolia.de, 17: © LilKar/Shutterstock, 19: © Olga Khoroshunova/Fotolia.de, 20/21: © Serghei Velusceac/Fotolia.de, 23: © Liliia Rudchenko/Fotolia.de, 24/25: © Kwest/Fotolia.de, 26/27: © WDG Photo/Shutterstock.

ISBN 978-3-7462-3465-6

Zusammenstellung: Volker Bauch, Leipzig
Umschlag: Ulrike Vetter, Leipzig
Gesamtherstellung: Arnold & Domnick, Leipzig (A)